MAX AXIOM
Y LA SOCIEDAD DE SUPERCIENTÍFICOS

EMERGENCIA DE EXTINCIÓN ANIMAL

ESCRITO POR **EMILY SOHN**

ILUSTRADO POR **EDUARDO GARCÍA**

PORTADA DE **ERIK DOESCHER**

CAPSTONE PRESS
a capstone imprint

T0008930

Publicado por Capstone Press, una marca de Capstone
1710 Roe Crest Drive, North Mankato, Minnesota 56003
capstonepub.com

Los datos de catalogación previos a la publicación se encuentran disponibles en
el sitio web de la Biblioteca del Congreso.
ISBN: 9781669066071 (tapa dura)
ISBN: 9781669066064 (tapa blanda)
ISBN: 9781669066101 (libro electrónico PDF)

Resumen: Hay innumerables animales en todas partes del mundo que están
en peligro de extinguirse. Pero ¿por qué van desapareciendo estas especies, y
cómo podemos protegerlas? En esta novela gráfica de no ficción, Max Axiom
y la Sociedad de supercientíficos se embarcan en una misión emocionante e
informativa para averiguarlo.

Créditos editoriales
Editores: Abby Huff y Aaron Sautter; Diseñador: Brann Garvey; Investigadora
de medios: Svetlana Zhurkin; Especialista en producción: Whitney Schaefer

Todos los sitios de internet que aparecen en el contenido especial estaban
correctos y disponibles al momento de la impresión.

Printed and bound in China. PO 5593

TABLA DE CONTENIDO

LA SOCIEDAD DE SUPERCIENTÍFICOS

MAX AXIOM

Después de muchos años de estudio, Max Axiom, el primer supercientífico en el mundo, entendía que los misterios del universo eran demasiado vastos como para descubrirlos él solo. ¡Por esto creó la Sociedad de supercientíficos!

Con sus superpoderes y su superinteligencia, este equipo talentoso investiga los problemas científicos y medioambientales más urgentes de la actualidad y aprende sobre las medidas que todos podemos tomar para resolverlos.

LIZZY AXIOM

NICK AXIOM

SPARK

EL LABORATORIO DE INVESTIGACIÓN

Este laboratorio, que sirve como sede para la Sociedad de supercientíficos, cuenta con herramientas de última generación para llevar a cabo investigaciones de vanguardia e innovaciones científicas radicales. Más importante aún, es un lugar en que los supercientíficos pueden colaborar y compartir sus conocimientos y unir fuerzas para afrontar cualquier desafío.

Los supercientíficos Max Axiom y su sobrino Nick caminan por el bosque lluvioso en busca de criaturas interesantes. Pero pronto descubren una emergencia con animales.

¡Esta visita a la selva tropical es una experiencia única en la vida! Quiero ver el mayor número de especies de animales posible. Llevo una lista.

Hay mucha biodiversidad en la selva tropical. No será difícil llenar esas páginas.

¡BZZZ! ¡BZZZ!

Lizzy, ¿por qué llamas desde el Laboratorio de investigación?

¡Max! ¡Nick! Hubo un incidente cerca de donde están ustedes. ¡Hay caza furtiva de ranas punta de flecha!

¿Caza furtiva? O sea, ¿alguien se ha robado ranas punta de flecha de la selva?

Sí, y eso no es todo. Estas ranas están en peligro de extinción.

Corren el riesgo de desaparecer por completo.

No te preocupes, Lizzy. ¡Investigaremos esta crisis de criaturas!

En la Tierra viven más de ocho millones de especies de plantas y animales.

La mayoría no ha sido descubierta aún. Pero en las últimas décadas, muchas especies han desaparecido por completo. Se han extinguido.

Y muchas más corren el riesgo de desaparecer, como la rana punta de flecha.

¿Por qué la rana punta de flecha y otras especies están en peligro, y de qué manera podemos ayudar?

Para responder estas preguntas, primero necesitamos saber las razones por las que se extinguen. Empecemos con un viaje al pasado, hace unos 100 millones de años, cuando los dinosaurios vivían en la Tierra.

RASTREO DEL ESTADO DE LAS ESPECIES

La Unión Internacional para la Conservación de la Naturaleza (IUCN, en inglés) lleva un registro de la situación de las especies. La Lista Roja de la IUCN es la fuente oficial del estado de estos animales. Hay nueve categorías. De un extremo están los extintos y los extintos en estado silvestre (pero que aún viven en lugares protegidos). Siguen los que se consideran en peligro crítico, en peligro, vulnerables, casi amenazados y de preocupación menor. Las últimas dos categorías, datos insuficientes y no evaluados, se usan para las especies sobre las que no se sabe lo suficiente.

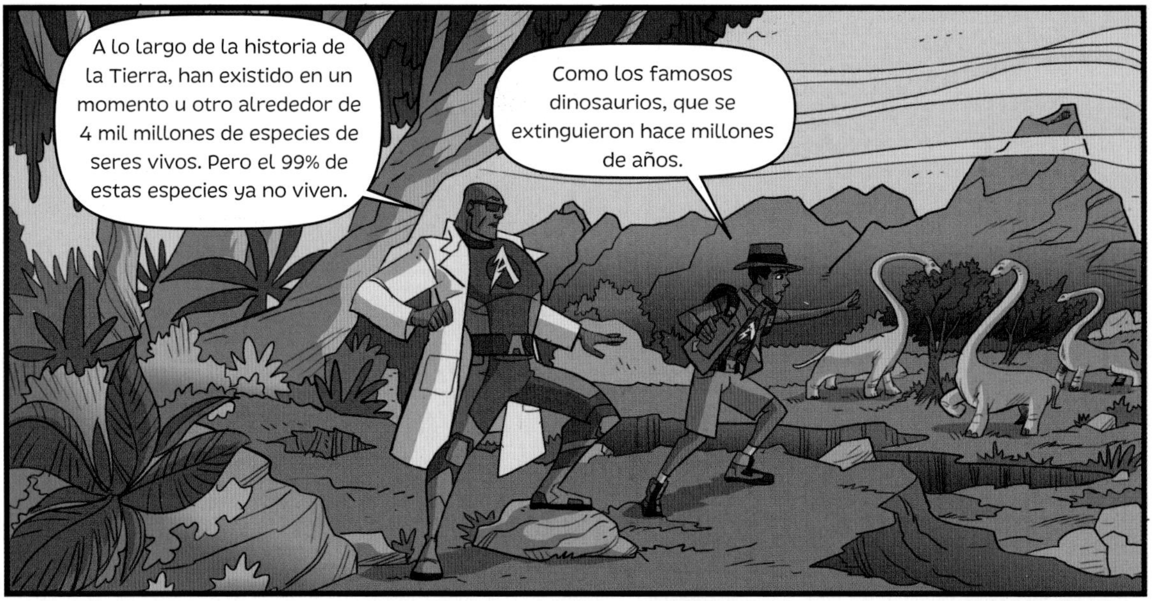
A lo largo de la historia de la Tierra, han existido en un momento u otro alrededor de 4 mil millones de especies de seres vivos. Pero el 99% de estas especies ya no viven.
Como los famosos dinosaurios, que se extinguieron hace millones de años.

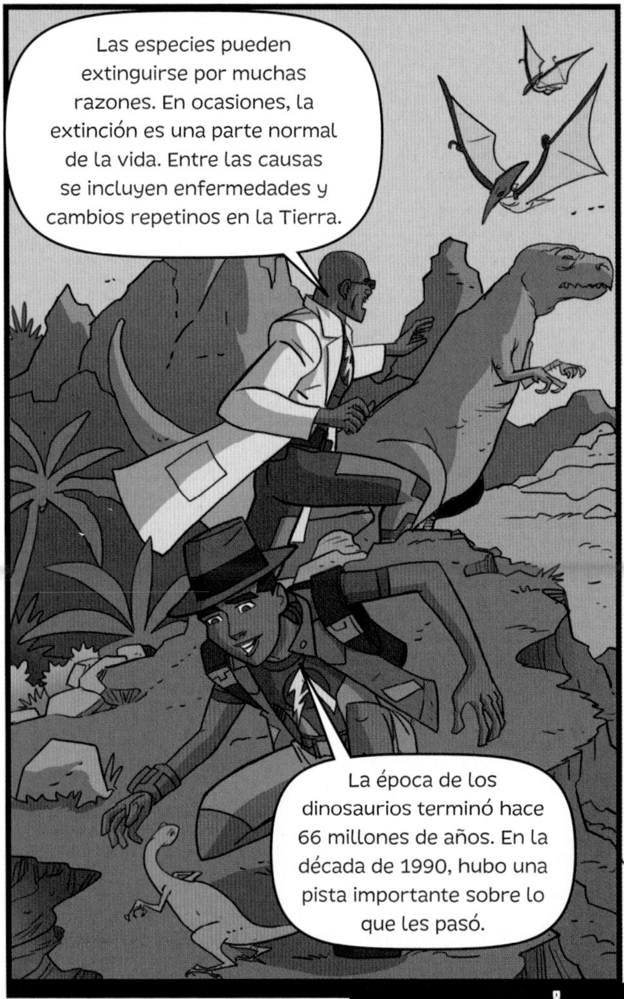
Las especies pueden extinguirse por muchas razones. En ocasiones, la extinción es una parte normal de la vida. Entre las causas se incluyen enfermedades y cambios repetinos en la Tierra.
La época de los dinosaurios terminó hace 66 millones de años. En la década de 1990, hubo una pista importante sobre lo que les pasó.

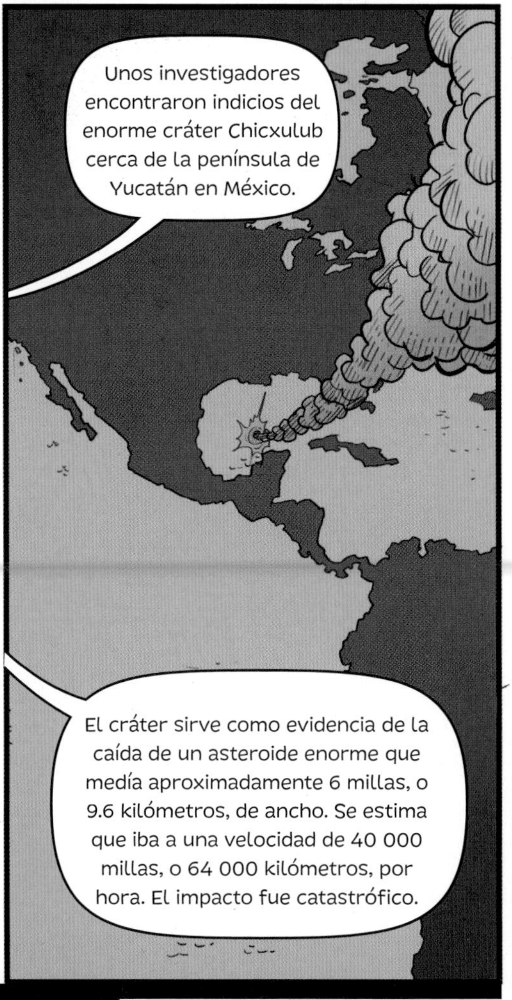
Unos investigadores encontraron indicios del enorme cráter Chicxulub cerca de la península de Yucatán en México.
El cráter sirve como evidencia de la caída de un asteroide enorme que medía aproximadamente 6 millas, o 9.6 kilómetros, de ancho. Se estima que iba a una velocidad de 40 000 millas, o 64 000 kilómetros, por hora. El impacto fue catastrófico.

El fin de los dinosaurios se llama el evento de extinción Cretácico-Terciario o Impacto K-T. Muchas otras especies se extinguieron en ese momento.

Las ondas sísmicas ocasionadas por el golpe causaron temblores y erupciones volcánicas. Hubo maremotos que bañaron los continentes. Los escombros hicieron que se oscureciera el cielo durante meses o años.

Las temperaturas bajaron, lo que mató las plantas. Sin las plantas como alimento, los herbívoros no tardaron en morirse. Luego se extinguieron los carnívoros también.

La buena noticia es que los asteroides de ese tamaño no caen a la Tierra con mucha frecuencia.

¿Y la mala noticia?

Los científicos clasifican el fin de los dinosaurios como un "evento de extinción masiva" porque muchas especies se extinguieron al mismo tiempo. No fue el primer evento de extinción masiva. Y no será el último.

Las extinciones suelen suceder en oleadas. Por sus investigaciones de fósiles, los científicos saben que ha habido cinco eventos de extinción masiva hasta la fecha.

HACE 445-415 MILLONES DE AÑOS:
El primer evento de extinción masiva conocido. El clima de la Tierra cambió y se enfrió, lo que ocasionó la extinción del 85% de las especies.

HACE 380-359 MILLONES DE AÑOS:
La actividad volcánica y los cambios climáticos provocaron cambios en el océano que llevaron a la desaparición del 75% de las especies.

HACE 251 MILLONES DE AÑOS:
La extinción más grande que conocemos. Los volcanes, incendios forestales y otros cambios condenaron a muerte a un 96% de las especies.

HACE 201 MILLONES DE AÑOS:
Debido al calentamiento de la Tierra, el 80% de las especies desapareció.

HACE 66 MILLONES DE AÑOS:
El evento que terminó con los dinosaurios y otras especies.

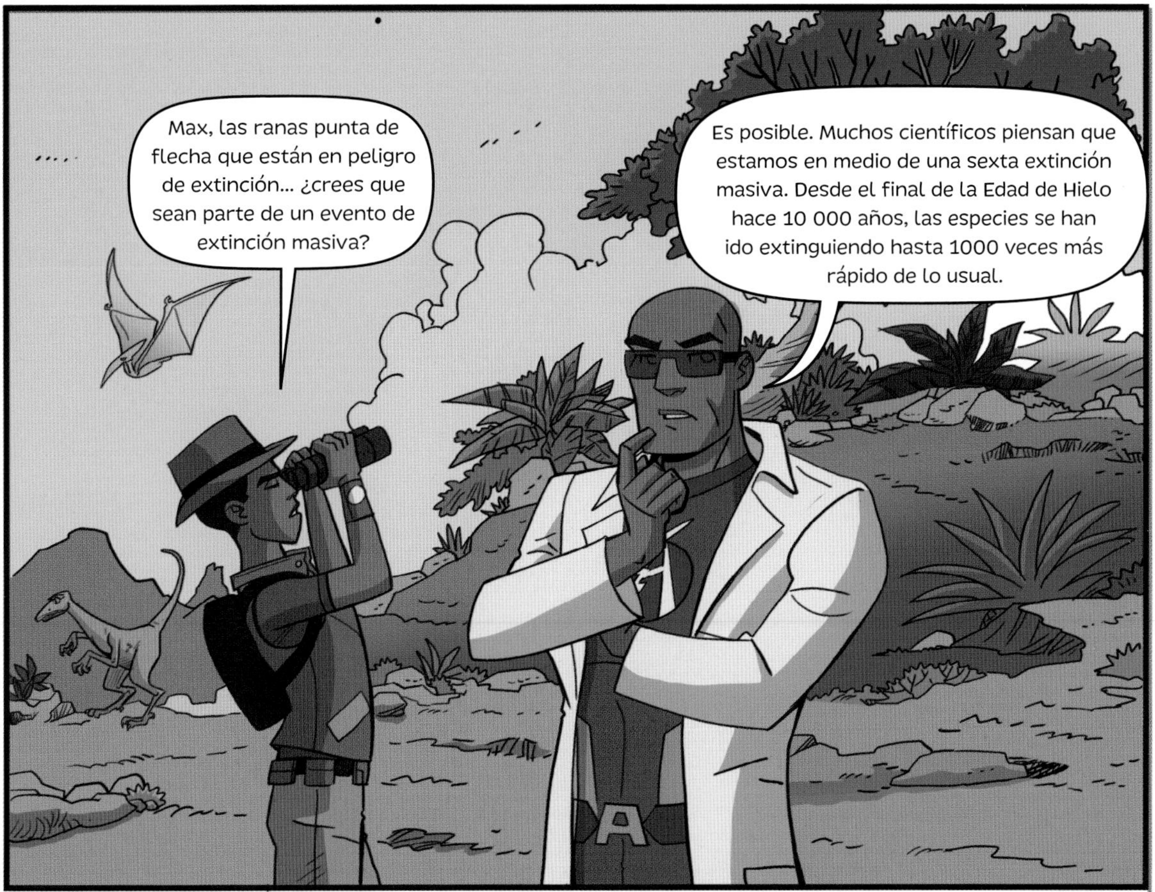
Max, las ranas punta de flecha que están en peligro de extinción... ¿crees que sean parte de un evento de extinción masiva?
Es posible. Muchos científicos piensan que estamos en medio de una sexta extinción masiva. Desde el final de la Edad de Hielo hace 10 000 años, las especies se han ido extinguiendo hasta 1000 veces más rápido de lo usual.

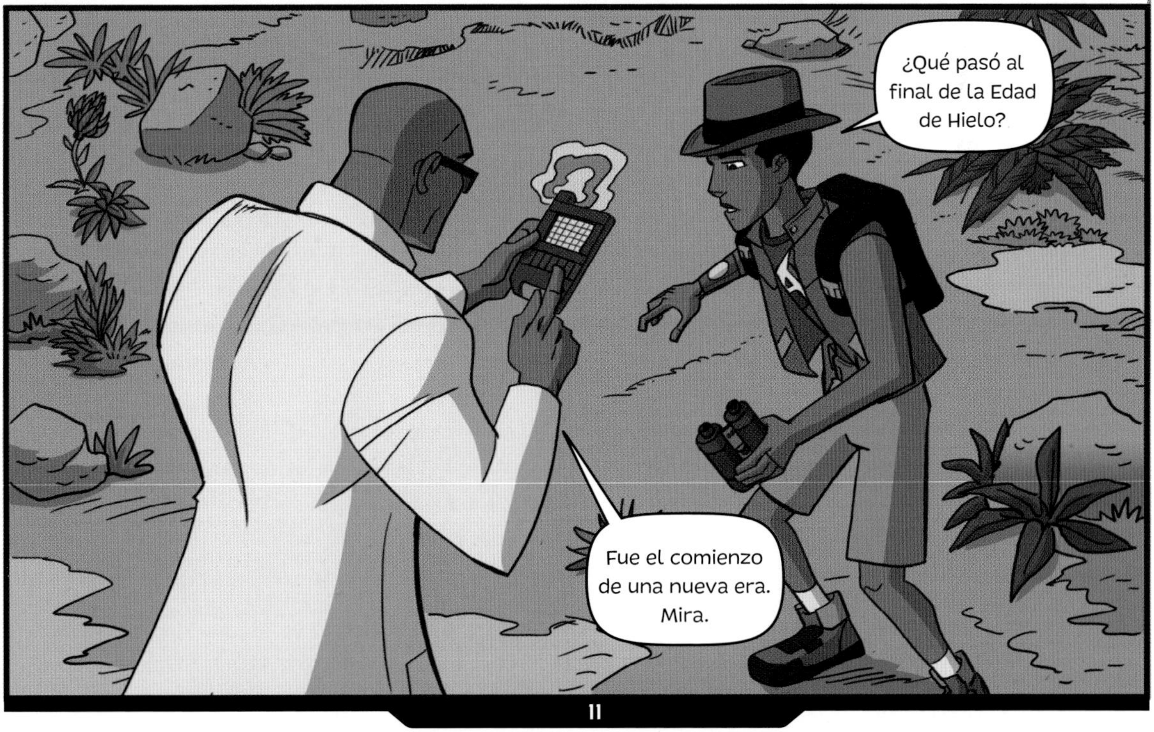
¿Qué pasó al final de la Edad de Hielo?
Fue el comienzo de una nueva era. Mira.

CRONOLOGÍA DE LA VIDA TERRESTRE

- Comenzaron las vidas simples hace 3.7 mil millones de años
- Aparecieron los primeros animales hace 800 millones de años
- Aparecieron los dinosaurios hace 245 millones de años
- Se extinguieron los dinosaurios hace 66 millones de años
- Aparecieron los primeros humanos hace 5-7 millones de años
- Aparecieron los humanos modernos hace aproximadamente 400 000 años

Hace aproximadamente 10 000 años, empezaron unos cambios importantes en la Tierra. Parece ser mucho tiempo, pero . . .

En "el tiempo de la Tierra", ¡no es nada!

Estamos a finales de la última Edad de Hielo. Las edades de hielo son épocas de frío durante las que una gran parte de la Tierra está cubierta por enormes láminas de hielo. Conforme se derretía el hielo, los humanos empezaron a dispersarse por la tierra.

Cuando los humanos se mudaron a nuevos lugares, su comportamiento afectó a más animales. Así es hasta la fecha. Mientras más personas hay en la Tierra, mayor es el impacto.

La caza es una manera obvia en que los humanos afectan a los animales. Pero también hay otras maneras en que la actividad de los humanos los perjudica.

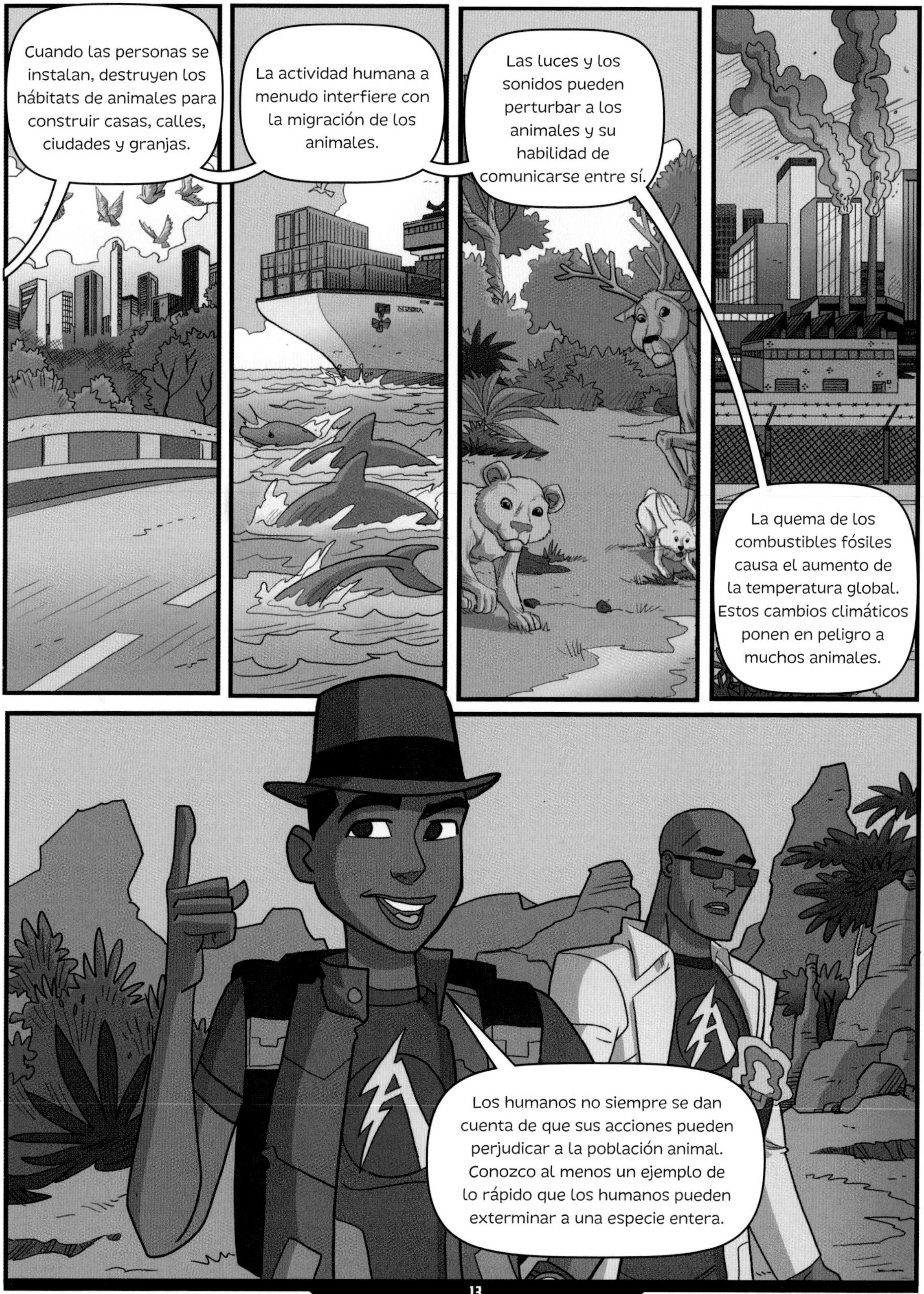
Cuando las personas se instalan, destruyen los hábitats de animales para construir casas, calles, ciudades y granjas.
La actividad humana a menudo interfiere con la migración de los animales.
Las luces y los sonidos pueden perturbar a los animales y su habilidad de comunicarse entre sí.
La quema de los combustibles fósiles causa el aumento de la temperatura global. Estos cambios climáticos ponen en peligro a muchos animales.
Los humanos no siempre se dan cuenta de que sus acciones pueden perjudicar a la población animal. Conozco al menos un ejemplo de lo rápido que los humanos pueden exterminar a una especie entera.

¡Bienvenidos a las Islas Mauricio en los años 1640! Son islas pequeñas cerca de Madagascar. Max, te presento al dodo.

¡Qué grande ese pájaro!

Lo *era*. En nuestros tiempos, el dodo está extinto. Pero cuando vivían, un dodo típico medía 3 pies, o 0.9 metros, de alto.

Los dodos solo vivían en las Islas Mauricio. No podían volar y aún no habían aprendido a tener miedo a la gente. Cuando llegaron los navegantes europeos en los años 1500, estos pájaros fueron muy fáciles de cazar. Además, los humanos destruyeron el hábitat de los dodos para construir casas.

Los humanos también trajeron otros animales a la isla, como los cerdos. Esos animales comieron los huevos de los dodos. También comieron lo que comían los dodos, lo que los dejó sin suficiente alimento.

La última observación conocida de un dodo fue en el 1662. A los 100 años de la llegada de los humanos a la isla, ya no había ni un dodo.

LA PALOMA PASAJERA
Extinta por:
caza

EL TILACINO
(alias el lobo marsupial)
Extinto por: caza, destrucción
de hábitat, enfermedad

EL RINOCERONTE NEGRO OCCIDENTAL
Extinto por: caza furtiva

Hay muchas otras historias como la del dodo. La paloma pasajera, el tilacino y el rinoceronte negro occidental son ejemplos de las muchas especies que se han extinguido recientemente.

Muchas otras especies están a punto de extinguirse, como el panda, el elefante asiático y la vaquita marina.

EL PANDA
En peligro por:
caza furtiva, deforestación

EL ELEFANTE ASIÁTICO
En peligro por:
pérdida del hábitat, caza furtiva

LA VAQUITA MARINA
En peligro por:
la pesca ilegal

Parece que cada vez más animales desaparecen o corren peligro. Y los humanos son una de las razones principales.

Hemos aprendido mucho durante esta investigación de campo. Vamos a ver lo que ha descubierto Lizzy en el laboratorio.

¡Max! ¡Nick! ¿Cómo va la investigación?

¡Hola Lizzy! Aprendimos sobre las extinciones masivas y reunimos información sobre los factores que causan la desaparición de especies.

¿Qué descubriste tú?

Yo descubrí que los animales que viven en ciertos lugares corren más riesgo de extinción.

En una isla, es difícil porque a veces los animales no pueden salir en caso de una amenaza. La llegada de los humanos y otras especies invasivas pueden aniquilarlos en poco tiempo.

Si los dodos hubieran podido alejarse de los humanos, tal vez seguirían vivos.

Las especies que pueden sobrevivir en ciertas condiciones corren peligro cuando esas condiciones cambian.

Algunos animales solo comen un tipo de alimento. Por ejemplo, los koalas solo comen hojas de eucalipto.

Si los humanos talan los bosques en los que crece su alimento, los animales morirán de hambre.

Las selvas tropicales figuran entre los lugares más biodiversos de la Tierra. También figuran entre los que más riesgo corren. En países como Brasil, los humanos talan los bosques para poder construir granjas, calles y casas.

A medida que vayan despareciendo las selvas tropicales, las especies pierden sus hábitats y sus fuentes de alimento. Los científicos estiman que 137 especies se extinguen cada día en las selvas tropicales.

Ahora empieza a tener sentido que las ranas punta de flecha estén en peligro. Hay más de 50 especies que viven en las selvas tropicales de Centro y Sudamérica, así que sus hábitats están en peligro.

Los cazadores furtivos atrapan a las ranas coloridas de la selva tropical para venderlas como mascotas, aunque no deberían hacerlo. Además, existe un hongo letal que se propaga de una rana a otra.

Uy. Son muchas amenazas para una criatura tan pequeña.

Con todas las amenazas que enfrentan las ranas punta de flecha y otros animales, se necesitaría un gran esfuerzo para salvarlos.

Cierto, pero también hay muchas razones para seguir combatiendo la extinción.

Una razón es que la naturaleza se basa en el equilibrio. La pérdida de una especie suele afectar a otras especies vinculadas.

Considera el ejemplo de las cadenas y redes de alimentación. Si se pierde un depredador, la población de sus presas podría aumentar por un tiempo. Pero luego, esos animales podrían terminar con su propia fuente de alimentos y desaparecer también.

DEPREDADORES

PRESAS

PLANTAS

También hay razones médicas para proteger las especies. Los científicos han encontrado químicos dentro de plantas y animales que ayudan a tratar enfermedades. Si perdemos estas especies, también perdemos sus secretos científicos.

También hay una razón moral. Yo creo que todas las especies merecen la oportunidad de sobrevivir.

Además, ¡la variedad es lo que hace interesante al mundo!

Entonces, ¿cuáles son los siguientes pasos?

Para salvar a los animales de las varias causas de extinción, tendremos que usar muchas estrategias.

Creo que ya es hora de volver al campo, Nick. Nos separamos para ver qué están haciendo los científicos.

Yo iré a la selva tropical para aprender sobre las medidas que están tomando allá para proteger los animales.

Uno de los primeros pasos para ayudar a los animales en peligro es la investigación de campo. Los científicos reúnen información para entender las medidas que se deben tomar y por qué.

Estoy estudiando lo que amenaza a las ranas punta de flecha. Y las consecuencias para otras criaturas si estas ranas se extinguen.

Los científicos hablan con líderes gubernamentales y con personas que viven cerca de la especie que está en peligro. Quieren entender cómo se impactan los unos a los otros. Así pueden formular planes para proteger las especies sin dejar de cumplir con las necesidades de las personas.

No es que las personas quieran lastimar a las ranas. Solo tratan de ganarse la vida. Por desgracia, la caza furtiva es una manera de ganar dinero.

Tal vez podamos desarrollar un programa que ayude a crear más trabajos. Podríamos crear un sistema de guías locales que enseñan a los turistas sobre las ranas y otras especies.

¡Me gusta! Y el turismo también ayudaría a los restaurantes y comercios locales.

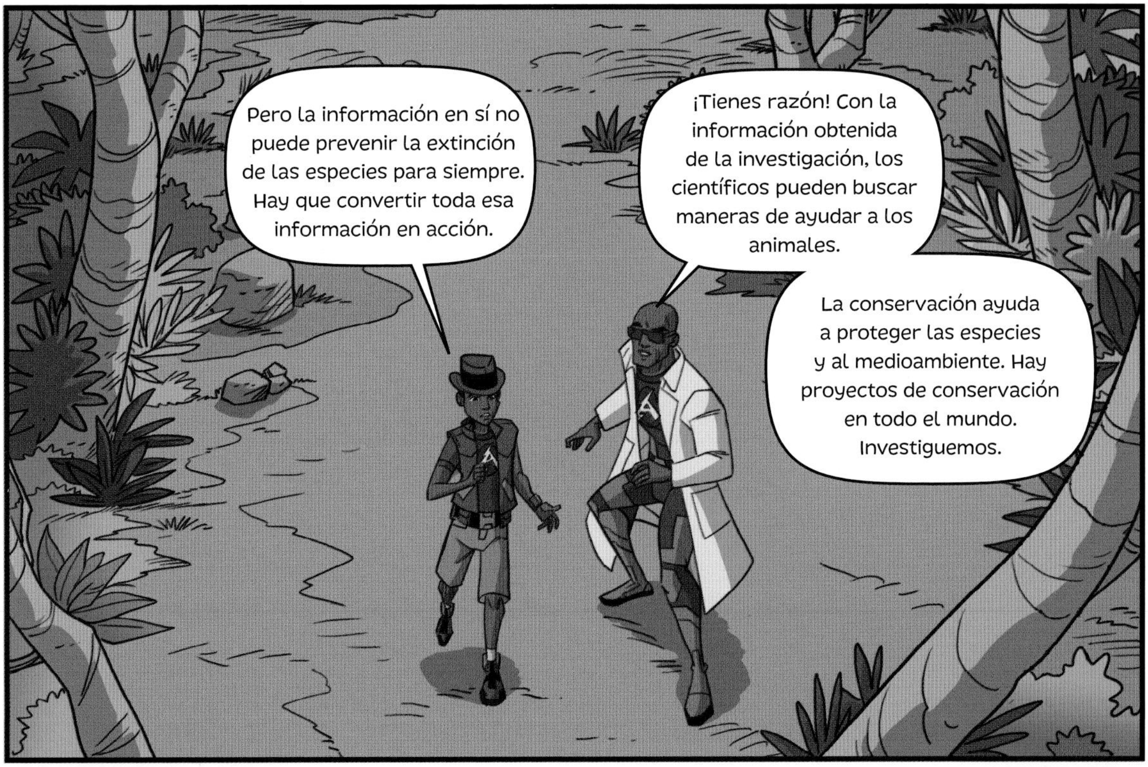
Pero la información en sí no puede prevenir la extinción de las especies para siempre. Hay que convertir toda esa información en acción.
¡Tienes razón! Con la información obtenida de la investigación, los científicos pueden buscar maneras de ayudar a los animales.
La conservación ayuda a proteger las especies y al medioambiente. Hay proyectos de conservación en todo el mundo. Investiguemos.

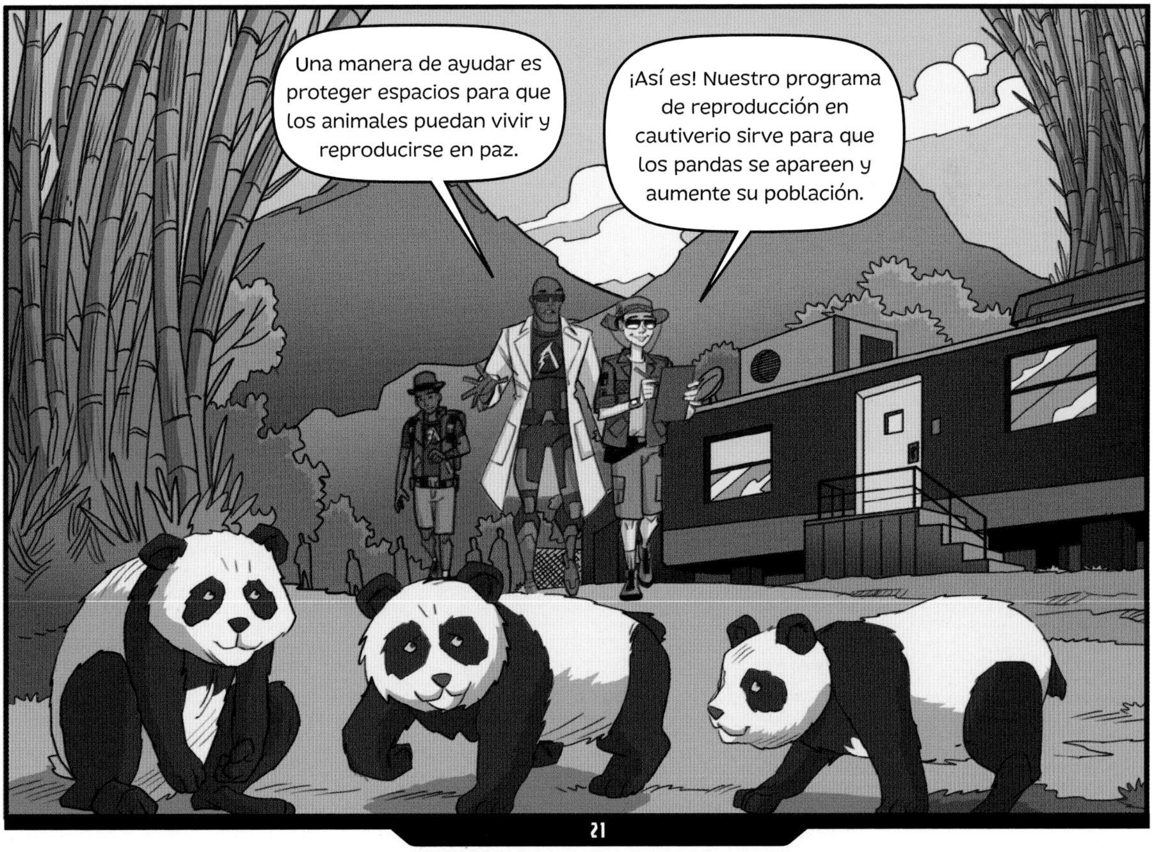
Una manera de ayudar es proteger espacios para que los animales puedan vivir y reproducirse en paz.
¡Así es! Nuestro programa de reproducción en cautiverio sirve para que los pandas se apareen y aumente su población.

Algunos científicos tratan de ayudar a que las crías sobrevivan hasta la adultez. Ya adultos, pueden reproducirse.

Pusimos estos huevos de tortuga en un lugar seguro donde los pájaros y otros depredadores no se los pueden comer. Una vez que salgan del cascarón, las llevaremos al mar.

Otros científicos estudian las enfermedades que se propagan y destruyen la población animal. Buscan tratamientos que ayuden a combatir las enfermedades.

Los gobiernos también tienen un papel en la conservación. Pueden limitar el impacto humano en la naturaleza al crear parques y aprobar leyes que prevengan el daños a los hábitats de los animales.

También pueden limitar la caza y la pesca para evitar que los humanos aniquilen una población.

NO SE PERMITEN VEHÍCULOS MOTORIZADOS

UNA HISTORIA EXITOSA

A finales de los años 1700, había más de 100 000 águilas calvas en los Estados Unidos. Para 1940, estaban a punto de extinción. Se aprobaron leyes que las protegían de la caza. Además, el gobierno prohibió un químico llamado DDT que se usaba para matar a insectos, pero que también perjudicaba a las águilas. Debido a estas protecciones, la población de águilas ahora está prosperando.

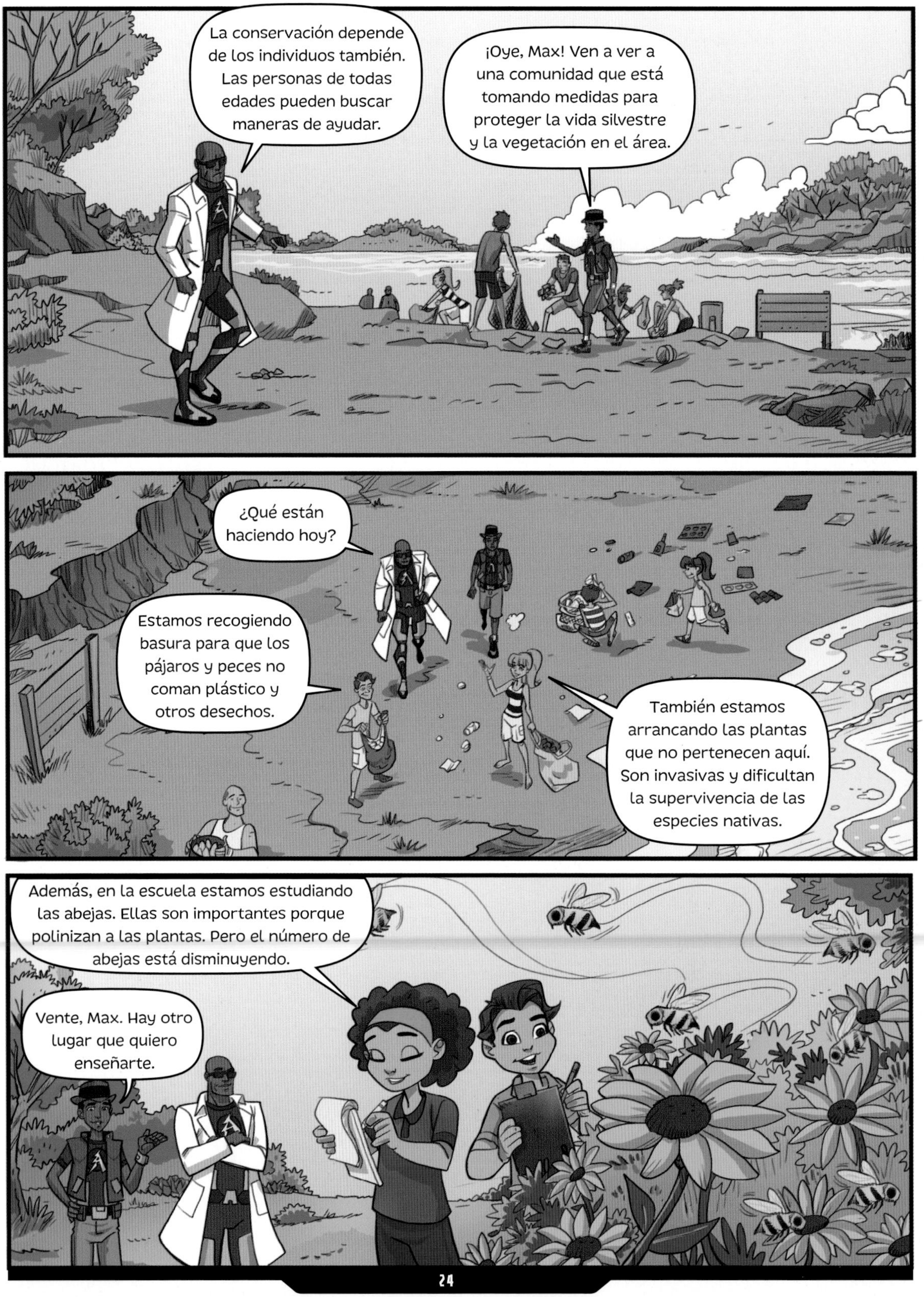
La conservación depende de los individuos también. Las personas de todas edades pueden buscar maneras de ayudar.
¡Oye, Max! Ven a ver a una comunidad que está tomando medidas para proteger la vida silvestre y la vegetación en el área.
¿Qué están haciendo hoy?
Estamos recogiendo basura para que los pájaros y peces no coman plástico y otros desechos.
También estamos arrancando las plantas que no pertenecen aquí. Son invasivas y dificultan la supervivencia de las especies nativas.
Además, en la escuela estamos estudiando las abejas. Ellas son importantes porque polinizan a las plantas. Pero el número de abejas está disminuyendo.
Vente, Max. Hay otro lugar que quiero enseñarte.

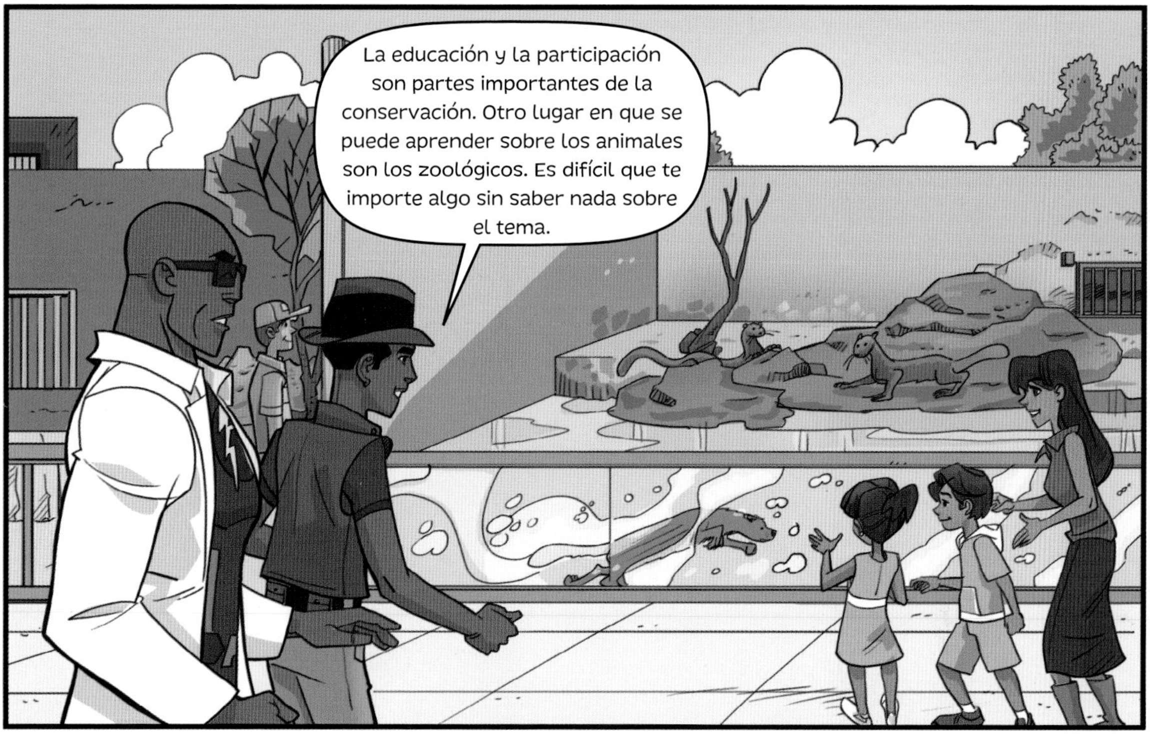
La educación y la participación son partes importantes de la conservación. Otro lugar en que se puede aprender sobre los animales son los zoológicos. Es difícil que te importe algo sin saber nada sobre el tema.

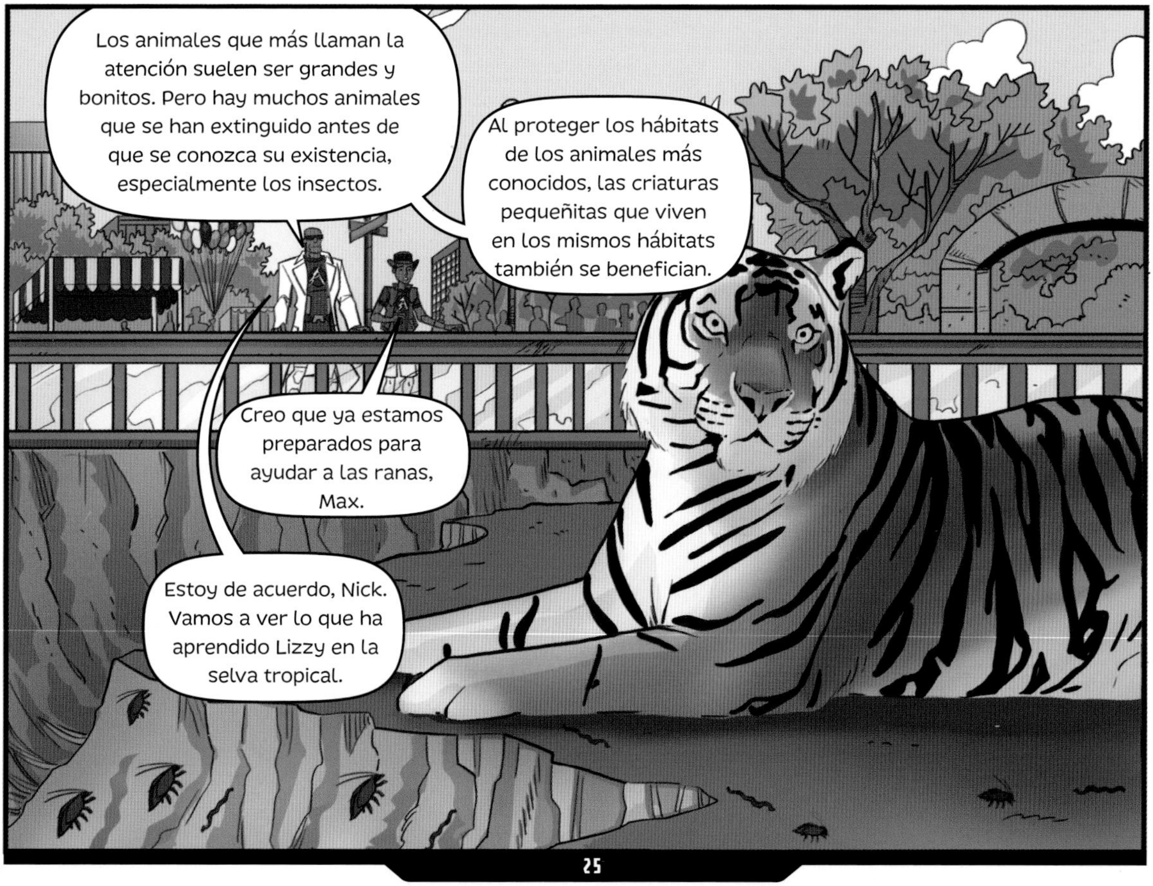
Los animales que más llaman la atención suelen ser grandes y bonitos. Pero hay muchos animales que se han extinguido antes de que se conozca su existencia, especialmente los insectos.
Al proteger los hábitats de los animales más conocidos, las criaturas pequeñitas que viven en los mismos hábitats también se benefician.
Creo que ya estamos preparados para ayudar a las ranas, Max.
Estoy de acuerdo, Nick. Vamos a ver lo que ha aprendido Lizzy en la selva tropical.

Hola agente Cruz. ¿Toda esta actividad ayudará a proteger la selva tropical y las especies que están en peligro de extinción?

Esa es la idea. Estamos construyendo un refugio natural. Nadie podrá cazar ni construir aquí. Nuestra meta es proteger las ranas punta de flecha y a otras especies en peligro de extinción.

También estamos creando exposiciones para enseñar a los visitantes sobre los animales y su hábitat.

Esta es la taquilla. Lo que se recaude de las entradas ayudará a mantener el parque y a contratar a guardias para hacer cumplir las reglas contra la caza furtiva.

Estoy marcando los bordes del parque.

Estamos construyendo senderos para que los visitantes puedan apreciar la belleza de este lugar.

También recibiremos grupos escolares para enseñar a los alumnos sobre la biodiversidad y las especies en peligro de extinción.

TICKETS

Si todos hacemos nuestra parte y actuamos en la medida de nuestras posibilidades, podemos ayudar a detener esta emergencia de una vez por todas.

Primero las ranas. Luego, los otros animales en el mundo. ¡Comencemos!

CÓMO PARTICIPAR

La labor de conservación no solo es para los adultos. Hay muchas maneras en que los niños pueden aprender y hacer algo para proteger los numerosos animales que viven en la Tierra y sus hábitats. Fíjate en la lista de actividades y oportunidades a continuación. Prueba algunas de las ideas o busca inspiración para hacer algo nuevo. ¡Gracias por hacer tu parte!

▶ La Hora Verde, un programa de la Federación Nacional de Vida Silvestre (NWF, en inglés), ofrece actividades semanales con el fin de animar a millones de jóvenes a pasar más tiempo en la naturaleza. Otros programas de NFW abordan los temas de jardinería respetuosa de la vida silvestre, plantación de árboles y educación medioambiental. *nwf.org/Kids-and-Family/Connecting-Kids-and-Nature*

▶ La Red de Niños y Naturaleza tiene la meta de reconectar a los niños con la naturaleza para que sean "más saludables, felices e inteligentes". Luego, estos jóvenes líderes pueden hacer cambios medioambientales positivos. *childrenandnature.org/youth*

▶ ¿Quieres proteger los océanos? Pregunta a tu profesor o profesora sobre la posibilidad de convertirse en un Salón Guardián del Océano. A través de este programa de los Santuarios Marinos Nacionales, parte de la Administración Nacional Oceánica y Atmosférica (NOAA, en inglés), escuelas y aulas de todo el mundo pueden ayudar a proteger los océanos. *sanctuaries.noaa.gov/education/og_classroom/welcome.html*

▶ National Geographic ofrece consejos para proteger los animales en todas partes del mundo. Lee sobre las medidas que puedes tomar ahora mismo. *kids.nationalgeographic.com/explore/nature/save-the-earth-hub/save-animals/*

▶ Earth Rangers tiene el objetivo de alentar a jóvenes conservacionistas. A través de la aplicación, puedes recibir misiones para construir hábitats en tu patio, proteger animales marinos, y más. *earthrangers.com*

► Sierra Club: Esta organización lleva más de 100 años conectando a las personas con la naturaleza. Encuentra tu división local para aprender más sobre las aventuras al aire libre y las actividades de voluntariado que se pueden hacer en familia. *sierraclub.org/local-outdoors*

► Muchas de las oportunidades para hacer voluntariado serán específicas al área en que vives. Si buscas cómo hacer tu parte, puedes contactar a las organizaciones o divisiones locales de las siguientes organizaciones, entre otras:

- Sociedad Audubon: *audubon.org*
- The Nature Conservancy: *nature.org/en-us/get-involved/how-to-help/volunteer-and-attend-events*
- The Arbor Day Foundation: *arborday.org/trees/treefacts*

 GLOSARIO

biodiversidad—el número y la variedad de plantas y animales que se encuentran en un área

catastrófico—describe un evento violento y extremadamente destructivo

caza furtiva—sacar una planta o animal de un lugar donde es ilegal hacerlo

conservación—la protección de los recursos naturales de la Tierra, como el agua, los bosques y la vida silvestre

en peligro de extinción—que corre riesgo de desaparecer como especie y solo quedan algunos vivos

especie—un grupo de seres vivos que tienen características en común

extinto—que ya no vive

hábitat—el lugar y las condiciones naturales en que vive una planta o animal

invasivo—algo que no es nativo de un lugar y puede perjudicar el ambiente en el que se introdujo

migración—el traslado regular de los animales para buscar alimento en nuevos lugares

normativas—reglas o leyes

reproducirse—la creación de crías; muchos animales se aparean para reproducirse

LEE MÁS

Braun, Eric. *Can You Save an Endangered Species? An Interactive Eco Adventure.*
North Mankato, MN: Capstone Press, 2021.

Clinton, Chelsea. *Start Now! You Can Make a Difference.* New York: Philomel
Books, 2018.

Marotta, Millie. *A Wild Child's Guide to Endangered Animals.* San Francisco:
Chronicle Books, 2019.

SITIOS WEB

DK Find Out: Endangered Animals
dkfindout.com/us/more-find-out/special-events/endangered-animals/

Mongabay: Tropical Rain Forest Information for Kids
rainforests.mongabay.com/kids/

U.S. Fish & Wildlife Service: Endangered Species
fws.gov/program/endangered-species

ÍNDICE

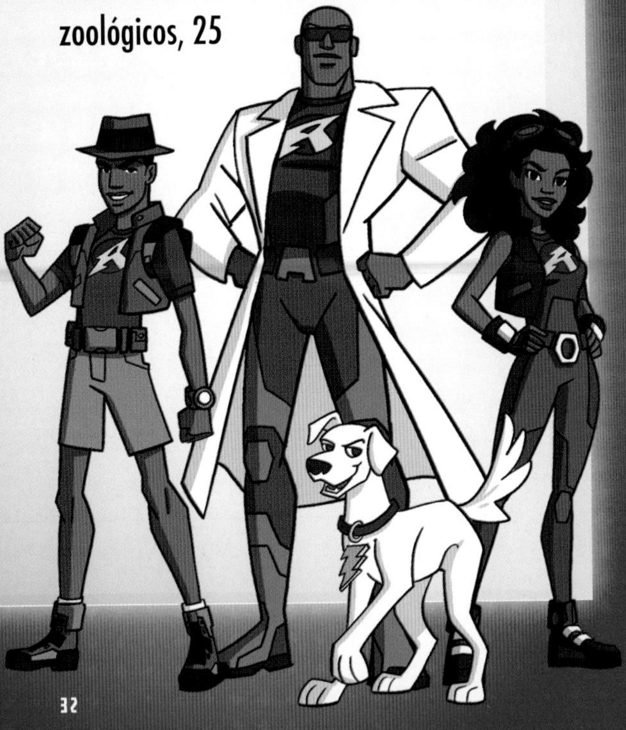